INTELLIGENCE FINANCIÈRE

 INTELLIGENCE FINANCIÈRE

INTELLIGENCE FINANCIÈRE

INTELLIGENCE FINANCIÈRE

 INTELLIGENCE FINANCIÈRE

CONTENU

Faites de même et vous obtiendrez la même chose

Qu'est-ce que l'argent?

Avant le changement...

Temps et argent

Façons d'atteindre la richesse

Règle principale pour investir

Comment sortir d'un gâchis financier

INTELLIGENCE FINANCIÈRE

 INTELLIGENCE FINANCIÈRE

Faites de même et vous obtiendrez la même chose

Naturellement, la plupart d'entre nous, si ce n'est tous, veulent et désirent quelque chose de mieux. Elle fait partie de nous si nous voulons une plus grande voiture, une meilleure maison, pour acheter de bonnes choses pour la famille. Nous en attendons toujours plus, mais pour obtenir ce que vous n'avez pas, vous devez faire quelque chose que vous n'avez jamais fait auparavant.

Cela signifie simplement:

Faire la même chose encore et encore en attendant des résultats différents!!! **C'EST FOU !!!!**

INTELLIGENCE FINANCIÈRE

En tant qu'employé, vous ne pouvez pas rester éternellement au même poste et vous attendre à ce qu'un miracle se produise et que votre patron vous accorde soudainement une augmentation. Vous aurez de la chance qu'il n'y ait pas de réduction d'effectifs dans votre entreprise. Le déménagement vers une autre entreprise ne constitue qu'une solution à court terme à un problème à long terme.

Bien sûr, vous pouvez prendre un deuxième ou même un troisième emploi, mais avez-vous assez d'heures et d'endurance dans une journée pour le garder?

Conclusion: échanger du temps contre de l'argent n'est pas une bonne idée financière à long terme. Vous continuez à augmenter vos heures juste pour gagner la course aux rats. Ce qui n'aboutit jamais à des résultats extraordinaires.

INTELLIGENCE FINANCIÈRE

Augmenter vos salaires ne fait que vous placer à un niveau d'imposition plus élevé. Votre salaire augmente, mais vos dépenses pour votre maison et votre voiture aussi. Comment allez-vous investir dans votre vie alors que tout le temps que vous passez à travailler pour une entreprise, à travailler pour le gouvernement en payant des impôts et à travailler pour la banque en payant votre maison et votre voiture? Que se passera-t-il si vous tombez malade et ne pouvez pas travailler demain? Le gouvernement prendra-t-il soin de votre famille ?

J'en doute fortement.

N'est-il pas temps de prendre les finances un peu plus au sérieux?

 INTELLIGENCE FINANCIÈRE

Qu'est-ce que l'argent?

Vous voyez, il y a beaucoup d'idées sur ce que les gens pensent de l'argent.

Certains disent que c'est une forme de mesure.

Oui, mais une mesure de quoi? De la richesse? Autrefois, les gens mesuraient la richesse au nombre de vaches, de moutons et de chevaux qu'ils possédaient. Mais les gens mesurent-ils aujourd'hui la richesse par leurs vaches et leurs chevaux? Qu'en est-il des esclaves? Y a-t-il eu une époque où le travail était considéré comme une denrée très recherchée? Les esclaves valent-ils quelque chose aujourd'hui? Leur argent reste-t-il sur le banc pour le protéger si une récession

INTELLIGENCE FINANCIÈRE

frappe le pays? Non, la richesse ne peut pas être mesurée par le vilain dollar.

Certains disent que c'est une forme de pouvoir.

Oui, l'argent peut vous donner du pouvoir, mais si vous êtes piégé sur une île déserte pour toujours avec un grand trésor, cet argent aura-t-il une signification pour vous? Si quelqu'un vous offrait de l'eau et un hélicoptère pour vous emmener, vous échangeriez tout votre argent en une fraction de seconde. L'argent n'est donc pas une mesure précise du pouvoir - il dépend en grande partie de la façon dont vous l'utilisez à bon escient!

Beaucoup croient qu'elle est la racine de tout mal... et beaucoup d'autres assument cette croyance sans trop se poser de questions.

Allons, allons, allons... l'argent n'est **PAS** la racine de tous les maux (sinon, pourquoi

INTELLIGENCE FINANCIÈRE

pensez-vous que les églises acceptent encore les dons monétaires et la charité?) L'amour de l'argent est la racine du mal. N'oubliez pas que l'argent est un excellent serviteur, mais un maître terrible. Si vous échangez votre vie contre de l'argent, l'argent a un pouvoir sur votre temps et votre vie.

Et si vous ne disposez pas des bonnes informations financières, le manque d'argent peut engendrer beaucoup de mauvaises pensées et une mentalité négative, comme on le voit surtout chez les tricheurs, les voleurs, les criminels, les cambrioleurs, les profiteurs, les radins et autres, pour n'en citer que quelques-uns.

Mais qu'est-ce que l'argent en réalité?

L'argent est une idée, soutenue par la confiance.

INTELLIGENCE FINANCIÈRE

Alors que l'argent a été développé naturellement par les marchands dans le passé pour remplacer le système de troc douteux, l'argent d'aujourd'hui est littéralement inventé par les riches et les nantis.

Les entrepreneurs sont prêts à renoncer à leur argent pour acheter le temps des autres. Le temps des autres, c'est-à-dire des salariés et des indépendants, devient l'atout de leur employeur et les employeurs cette ressource inestimable pour continuer à créer plus de richesse pour eux-mêmes.

Et voilà le truc : quand on travaille pour de l'argent, on en est esclave!

90 % de la population actuelle est réduite en esclavage involontaire.

Ce que nous ne réalisons pas, c'est qu'il y a une partie de notre âme qui ne peut être

INTELLIGENCE FINANCIÈRE

achetée à n'importe quel prix. Vous couperiez-vous le petit doigt si votre patron vous offrait immédiatement 24 mois de votre salaire ? Vous et moi savons que nous valons plus que cela. Mais lorsque vous entendez parler de cas de personnes qui vendent des parties de leur corps pour de l'argent dans certains pays, nous pouvons faire sortir nos yeux de leur orbite.

D'autre part, nous vendons parfois une partie de nous-mêmes pour de l'argent, comme un âne et une carotte.

 INTELLIGENCE FINANCIÈRE

Avant le changement...

Ne vous méprenez pas : je n'ai pas de travail (j'en avais un avant de devenir un **ENTREPRENEUR**).

Mais soyons réalistes : nos besoins actuels augmentent plus que jamais dans toutes les périodes de l'histoire. Les prix augmentent, mais pas les salaires. Les baby-boomers sont plus nombreux que jamais et ils n'ont que très peu de pension à verser pour leurs décennies de dur labeur.

Et vous ne pouvez pas deviner combien de personnes détestent le mode de vie malsain et mouvementé qui consiste à se lever tôt, à gérer le stress pendant la majeure partie de la journée, à se joindre aux embouteillages, à dépenser plus d'argent et à voyager plus

INTELLIGENCE FINANCIÈRE

longtemps, à se reposer très peu et à répéter le cycle de la vaseuse.

Cela ne donne pas une bonne image des finances et du mode de vie, n'est-ce pas?

La première étape pour changer est d'être conscient du problème. La prise de conscience avant le changement (ou ABC en abrégé) est nécessaire si vous voulez faire des changements dans votre vie pour commencer à prendre le contrôle de votre vie financière et ensuite sortir de la course aux profits.

Nous avons besoin de la conscience de savoir dans quel état nous sommes pour savoir où nous allons.

 INTELLIGENCE FINANCIÈRE

Temps et argent

Il existe 4 types de personnes dans le monde:

1. pas de temps, pas d'argent.

La plupart des employés entrent dans cette catégorie. Vous ne pouvez pas aller faire du shopping un mardi après-midi ou renvoyer votre patron quand vous le voulez. La plupart des employés ne peuvent même pas économiser sur leur pension pendant 3 ans !

2. pas de temps, beaucoup d'argent.

Les indépendants, les professions libérales et les propriétaires de petites entreprises entrent dans cette catégorie.

INTELLIGENCE FINANCIÈRE

Ils sont un peu mieux lotis que l'employé parce qu'ils gagnent plus, mais ils doivent travailler encore plus dur que les employés pour faire face à la diminution des marges bénéficiaires, de la concurrence et du service à la clientèle.

3. j'ai du temps, je n'ai pas d'argent.

Beaucoup d'agriculteurs, de jeunes en décrochage scolaire ou de sans-abri ont beaucoup de temps mais pas d'argent. L'ignorance est peut-être une bénédiction, mais sans une source stable de revenus, combien de temps pouvez-vous tenir à l'avenir ?

4. J'ai du temps et beaucoup d'argent.

C'est dans cette catégorie que se trouvent les grands entrepreneurs, propriétaires et

INTELLIGENCE FINANCIÈRE

investisseurs. Imaginez, ne pas avoir à travailler pour de l'argent, mais avoir de l'argent pour travailler pour vous en l'investissant et faire du profit en utilisant votre argent pour gagner de l'argent. **GLOOMIE !!!!!!!**

Maintenant, demandez-vous?

1. dans laquelle des quatre catégories vous situez-vous actuellement?

Dans quelle catégorie voulez-vous être demain?

INTELLIGENCE FINANCIÈRE

Façons d'atteindre la richesse

2 Modèles de création de richesse

1.Tout le monde veut gagner plus d'argent, mais les gens en général et est divisé en deux catégories :

1. Ceux qui apportent des résultats après qu'on leur a promis la richesse en premier ou ceux qui apportent des résultats en premier, puis sont récompensés par d'autres plus tard. (**SALARIÉS ET INDÉPENDANTS**).

Ceux-là, entrepreneurs, propriétaires d'entreprises et investisseurs.

INTELLIGENCE FINANCIÈRE

Il n'y a pas de bien ou de mal dans ce genre de réflexion, mais gardez à l'esprit qu'une fois de plus, vous échangez votre temps précieux contre de l'argent. Au lieu d'investir votre temps dans un **ACTIF** qui génère de l'argent, vous passez votre temps à travailler sur quelque chose qui est à court terme, d'une richesse limitée, et qui ne vous donne pas de revenu longtemps après avoir cessé de travailler.

Considérez également que ce type de vision à court terme ne donnera que des résultats limités ou temporaires au mieux. Avez-vous déjà vu un agent de sécurité endormi au travail lorsque le patron est absent?

En outre, le moment où nos émotions prennent le dessus est celui où au moins notre vie doit être régie par la poursuite du dollar. Il est clair que lorsqu'un employé se voit offrir un salaire plus élevé, plus de prestations médicales et des vacances plus longues, son cœur se met à battre plus vite.

INTELLIGENCE FINANCIÈRE

Un salaire plus élevé ne signifie pas moins de problèmes financiers. Au contraire, lorsque vos revenus augmentent, vos engagements, votre niveau d'imposition et le temps que vous passez dans votre entreprise augmentent. Plus votre salaire est élevé, plus votre position est faible car si votre patron vous verse un salaire à 5 chiffres et vous convoque à une réunion d'urgence, vous feriez mieux de vous dépêcher d'aller au bureau même si vous êtes à mi-chemin de faire l'amour à votre femme!

Je pense que la meilleure définition d'une relation employé/patron peut se résumer ainsi.

Un employé ne fera que le minimum pour empêcher son patron de le licencier et un patron ne paiera que le minimum pour empêcher l'employé de partir.

Maintenant, explorons l'autre groupe.

INTELLIGENCE FINANCIÈRE

De nombreuses personnes créatives, inventeurs, entrepreneurs et chefs d'entreprise entrent dans cette catégorie.

Un entrepreneur est quelqu'un qui a toujours de bonnes idées.

Le premier obstacle que nous devons surmonter si nous voulons réussir dans le deuxième groupe est de cesser de travailler pour de l'argent. Qu'est-ce que cela signifie? Faire de l'argent ne fait-il pas partie d'un bon QI financier?

Ce que je veux dire par "arrêter de travailler pour de l'argent", c'est qu'il ne s'agit pas de travailler gratuitement. Il s'agit plutôt de s'efforcer d'acquérir les compétences nécessaires pour être un entrepreneur (ou inventeur, investisseur) prospère.

INTELLIGENCE FINANCIÈRE

Si vous n'avez pas les contacts nécessaires pour gérer une entreprise, quel est le meilleur endroit pour chercher des contacts? Bien sûr, les clients de vos concurrents.

Qu'en est-il de la connaissance des produits? Travaillez ensuite avec une entreprise qui vous enseignera tous les tenants et aboutissants du métier.

Vous ne connaissez pas la chaîne de production d'une usine? Travaillez en un ! Apprenez à manier les cordes ou à manipuler les ouvriers de l'usine.

Peur de parler aux gens? Trouvez un emploi dans la vente où vous serez obligé de parler à beaucoup de gens. C'est aussi un excellent moyen de développer la persévérance!

Ne savez-vous pas que la meilleure éducation que vous pouvez recevoir est celle

INTELLIGENCE FINANCIÈRE

de la vie réelle? Pas dans la salle de conférence.

Le fait est que tout le monde n'a pas ce qu'il faut pour réussir en tant qu'entrepreneur.

Ce n'est pas si facile. Nombre d'entre eux n'ont pas la persévérance, l'esprit créatif, les compétences financières ou les personnes nécessaires pour accomplir le travail et abandonnent généralement trop tôt avant de voir les résultats. Le moyen le plus rapide de faire réussir ces compétences est de les apprendre sur le tas et vous êtes même payé au passage ! Ne vous laissez pas entraîner dans ce pour quoi vous êtes payé.

Encore une fois, permettez-moi d'insister:

A court terme, échangeriez-vous du temps contre de l'argent ? (L'argent ne vient plus quand vous vous arrêtez) Ou bien échangeriez-vous du temps et de l'argent

INTELLIGENCE FINANCIÈRE

contre un actif à long terme qui générerait des revenus ? (Même longtemps après que vous avez arrêté)

Dieu nous a créés avec un cerveau. Il suffit de regarder autour de soi et de voir les problèmes à surmonter, car chaque problème est une opportunité déguisée.

Tout dépend de vous. Vous pouvez voir ou non les résultats à court terme, mais en utilisant nos cerveaux et les ressources qui nous entourent, nous pouvons créer une véritable valeur que d'autres sont prêts à payer pour ce que nous avons à offrir.

3 façons de gagner de l'argent

Permettez-moi de résumer les 3 façons de gagner de l'argent

INTELLIGENCE FINANCIÈRE

1. Échanger du temps contre de l'argent - salarié, travailleur indépendant

2. La manifestation et l'utilisation d'idées créatives , inventeurs, artistes, programmeurs

3. Si vous êtes un professionnel, avez-vous déjà envisagé la possibilité d'écrire un livre électronique sur votre domaine d'expertise? Si elle est bien rédigée, elle pourrait constituer une nouvelle source de revenus, plutôt que de vous obliger à passer votre temps à servir vos clients.

Que diriez-vous d'un programmeur informatique? Vous pouvez créer votre propre produit révolutionnaire au lieu de vendre vos idées à l'entreprise pour laquelle vous travaillez.

En ce qui concerne l'immobilier, au lieu de vendre des maisons, vous pouvez mettre en commun des sources de financement pour

INTELLIGENCE FINANCIÈRE

acheter des maisons bon marché, augmenter leur valeur et les vendre à un prix plus élevé. Il suffit d'un peu de temps et de recherches pour trouver de bonnes idées.

L'argent est-il un problème? Recherchez des prêts si vous pouvez vous permettre de prendre le risque. Collectez des fonds auprès de nombreux investisseurs ou recherchez une subvention. Le ciel est la limite quand il s'agit de gagner de l'argent.

Encore une fois, comment voulez-vous devenir riche? Réponse: c'est à vous de décider.

INTELLIGENCE FINANCIÈRE

Règle principale pour investir

Qu'est-ce qu'investir signifie pour les gens?

Qu'est-ce qui vous vient à l'esprit lorsque vous mentionnez le mot "investissement"?

Cela signifie-t-il que vous devez placer votre argent dans des assurances, des fonds communs de placement, la bourse ou même des investissements à haut rendement?

D'autres personnes ne pensent à investir que lorsqu'elles sont sur le point de mourir et n'ont rien laissé à leur progéniture.

Certains tremblent même à l'annonce de ce mot, affirmant souvent qu'ils n'ont pas

INTELLIGENCE FINANCIÈRE

d'argent à investir ou qu'ils estiment que le sujet est trop compliqué à aborder.

De nombreuses personnes investissent même massivement dans des compléments de santé, des entraîneurs personnels et des esthéticiennes pour vivre plus longtemps, être en meilleure santé ou même paraître plus jeunes. Imaginez le budget publicitaire des entreprises de beauté d'aujourd'hui.

Ce sont toutes des préoccupations légitimes en matière d'investissement, mais je parle de l'investissement le plus important qu'une personne puisse faire dans sa vie.

Investissez en vous-même.

La règle la plus importante et primordiale est "Investissez en vous-même" - si vous ne le faites pas, qui d'autre le fera?

INTELLIGENCE FINANCIÈRE

Vos parents n'investiront dans votre éducation que jusqu'à ce que vous quittiez l'université. Mais il ne s'agit là que des besoins de base et cela ne vous apprend pas de leçons importantes sur l'éducation financière.

Dépendriez-vous des universités pour vous apprendre à gagner de l'argent? La plupart des universités ne vous enseignent que des compétences qui vous permettront de gagner de l'argent en travaillant pour d'autres personnes. Que diriez-vous d'une école de commerce? Honnêtement, si les professeurs de commerce sont de tels experts en affaires, pourquoi continuent-ils à enseigner là-bas au lieu de faire fortune dans les affaires?

Votre patron vous enseignerait-il comment réussir en affaires pour qu'un jour vous soyez à sa place?

INTELLIGENCE FINANCIÈRE

Vous et vous seul devez être suffisamment proactif pour assumer cette responsabilité. Vous voyez, quand vous investissez en vous-même, cela signifie que vous assumez l'importance de l'éducation. L'éducation n'est pas au sens académique ou technique du terme, bien qu'il s'agisse de compétences nécessaires à développer dans la vie. Notre éducation ne s'arrête pas à l'université.

Pour la plupart des adultes qui travaillent, leur éducation entre dans une phase de décalage après avoir quitté l'école. Ils cessent d'apprendre et donc de grandir. Ils ne se développent qu'en mangeant trop de pizzas ou de plats à emporter pendant leurs pauses déjeuner très chargées.

Nous savons que le QI est important, n'est-ce pas? Mais pourquoi les gens les plus intelligents du monde ne sont-ils pas les plus riches du monde? Il y a beaucoup de comptables et de planificateurs financiers qui courent vers leur voiture tous les soirs pour

INTELLIGENCE FINANCIÈRE

essayer de battre les embouteillages après le travail! Ils ne sont pas riches!

Travailler dur, avoir une bonne attitude et une mentalité positive, est-ce que cela résout notre situation financière? Ils sont importants pour la gestion d'une entreprise, mais laissez-moi les utiliser:

Si vous conduisez de Boston à New York en utilisant la mauvaise carte routière, vous n'arriverez pas à destination, quelle que soit la vitesse à laquelle vous conduisez votre voiture (en travaillant dur!) Vous pouvez travailler plus dur, mais vous n'arriverez à la mauvaise destination que plus rapidement. Vous avez peut-être la meilleure attitude au monde ou la mentalité la plus positive, mais vous n'arriverez toujours pas à New York (même si le voyage ne vous dérangerait pas puisque vous vous sentez positif).

INTELLIGENCE FINANCIÈRE

L'importance de l'éducation financière Vous devriez investir dans votre QI financier **EN PREMIER.**

Avoir un bon QI financier ne consiste pas à économiser des tonnes d'argent ou à le déposer dans des fonds communs de placement. Il s'agit de développer une relation saine avec l'argent et de se constituer un patrimoine qui vous permettra de gagner de l'argent.

Que faut-il pour développer votre QI financier?

La satisfaction différée est l'un des aspects les plus importants du développement de votre QI financier. Prenons un exemple hypothétique.

Payeriez-vous pour une pinte de lait ou une vache?

INTELLIGENCE FINANCIÈRE

Si vous achetez du lait, il est consommé et c'est tout. Vous devrez acheter le lait encore et encore quand il sera fini. Même si le lait coûte moins cher qu'une vache, à long terme, vous continuerez à acheter du lait encore et encore.

Aujourd'hui, si une vache coûte 50 fois plus cher que le lait, vous pourriez payer cher en l'achetant, mais après avoir consommé 50 pintes de lait de vache, vous rentabiliseriez votre investissement et économiseriez plus d'argent à l'avenir. En fait, la vache pourrait donner naissance à 2 ou plusieurs veaux et vous pourriez sélectionner l'un d'entre eux pour faire des bénéfices!

Vous avez compris?

Tout le monde est capable de créer des richesses. Lorsque vous prenez une vieille

INTELLIGENCE FINANCIÈRE

voiture et lui faites subir une révision générale, que vous la peignez avec une nouvelle couche de peinture et que vous changez quelques pièces supplémentaires pour la remettre en état de marche, vous pouvez choisir cette voiture pour plus d'argent que s'il s'agissait simplement d'une vieille voiture accidentée. Vous auriez ainsi créé de la richesse!

Que diriez-vous d'une ferme? Si vous transformez une ferme en un lieu de vacances à la campagne, cela n'augmenterait-il pas la valeur des terres agricoles?

C'est le même principe pour les cuisiniers, les programmeurs informatiques et les artisans. La somme du tout est plus grande que les parties. Nous sommes tous capables de créer de la richesse même à partir de rien et c'est la première étape pour faire couler notre jus créatif.

INTELLIGENCE FINANCIÈRE

La valeur de toute chose est définie par l'offre et la demande.

Il n'est pas nécessaire d'être diplômé en économie pour comprendre cela. L'argent n'est qu'une idée.

Vous vous souvenez de l'exemple de l'île déserte? La vraie mesure de l'argent n'est pas les centimes ou les dollars qu'il représente.

Si vous avez développé un produit que les gens veulent, les paieriez-vous plus que d'habitude? Appliqueriez-vous vos compétences pour créer de bons actifs?

Voici l'essentiel:

Investir dans des actifs qui offrent une valeur à long terme. Tout ce qui vous apporte plus de revenus est un plus. N'investissez pas trop dans des passifs tels que les voitures ou les bateaux.

Même les maisons ne sont pas considérées comme des actifs tant qu'elles ne sont pas entièrement payées (si vous perdez votre emploi demain et que vous ne pouvez pas payer votre maison, celle-ci est-elle un actif ou un passif?) Êtes-vous prêt à sortir de votre zone de confort et à payer le prix du QI financier? Ou bien ignorez-vous les signes des temps et attendez-vous que votre patron, le gouvernement et la banque prennent soin de vous financièrement pour le reste de votre vie, en vivant en dessous de vos moyens et en ne prenant jamais de risques pour améliorer l'avenir de votre famille?

 INTELLIGENCE FINANCIÈRE

Comment sortir d'un gâchis financier

Il y a deux méthodes que je peux recommander pour se sortir d'un gâchis financier.

Stratégies défensives

Le premier est défensif:

Réduisez ce que vous dépensez déjà. Vous ne pouvez pas démarrer une entreprise dans un désordre financier. Le flux de trésorerie est plus important que le revenu. Et pour réussir, il faut avoir beaucoup d'argent de poche.

INTELLIGENCE FINANCIÈRE

Voici quelques-unes des choses que vous pouvez réduire:

- Fumer - Si vous ne pouvez pas arrêter, réduisez simplement le nombre de vos cigarettes.

- Alcool - l'alcool peut épuiser vos finances plus rapidement qu'un robinet qui coule

- Sortir - Passer quelques nuits à la maison en pensant à gagner plus d'argent.

- Jeux de hasard - Si vous avez l'intention de jouer, il vaut mieux parier sur un commerce.

- Les clubs de vacances et les country clubs - Vous ne mourrez pas sans quelques adhésions.

INTELLIGENCE FINANCIÈRE

- L'alimentation - Mangez sainement et vous pourrez penser plus clairement.

- La paresse - La plus grande chose qui vous arrêtera!

Le plus important est que vous n'achetiez rien qui constitue un risque. Un passif est tout ce qui vous fait perdre de l'argent, quelle que soit sa valeur à l'avenir. Pensez en termes de flux de trésorerie : dans quoi puis-je investir aujourd'hui pour obtenir des fonds demain?

Passons maintenant aux stratégies offensives:

Stratégies offensives

L'une des meilleures façons d'investir à faible coût dans vos compétences commerciales est

INTELLIGENCE FINANCIÈRE

de rejoindre une société de marketing de réseau. Il existe de nombreuses autres options, comme la création d'une entreprise traditionnelle ou même d'une entreprise en ligne.

Mais si vous voulez vous garantir quelque chose de concret où les compétences commerciales sont une préoccupation, mon avis porte sur le marketing de réseau.

Indépendamment de ce que vous avez entendu sur cette industrie ou de l'argent que les gens y ont perdu, la principale raison pour laquelle je recommanderais à chacun d'investir dans une entreprise de marketing de réseau, c'est pour ce que vous pouvez y apprendre, et non pour la somme d'argent que vous pouvez y gagner (même si ce serait formidable si vous pouviez en vivre).

Vous voyez, les entreprises de marketing de réseau sont le seul endroit où les gens

INTELLIGENCE FINANCIÈRE

partagent leurs secrets commerciaux **GRATUITEMENT**. C'est logique, car pour que votre ligne ascendante réussisse, ils voudront que vous réussissiez aussi! Par conséquent, ils ne s'abstiendront pas de vous enseigner les compétences d'un homme d'affaires.

En outre, le coût relativement faible de l'investissement dans une entreprise de marketing de réseau vous surprendra par ce que vous pouvez apprendre pour le prix que vous payez (quelques bouteilles de vitamines et un kit commercial pour votre expérience de la vie!) Ils vous forment patiemment aux attitudes et aux compétences commerciales dont vous avez besoin pour réussir dans ce secteur.

Fondamentalement, on ne peut pas réussir dans le marketing de réseau avec une mentalité d'employé. Une société de marketing de réseau vous formera à la vente, à la communication, au travail d'équipe, au

INTELLIGENCE FINANCIÈRE

leadership, à la pensée positive, à l'amélioration de soi, à l'investissement de temps et d'argent, ainsi qu'au soutien de votre ligne ascendante en tant qu'entraîneur personnel et mentor. J'oserais dire que même si vous ne gagnez pas un centime, mais que vous avez participé avec diligence à leur programme, les compétences que vous développez dureront toute votre vie.

Vous pouvez également développer des compétences en vous mettant en relation avec une agence d'assurance. Le travail peut être très dur, mais ces entreprises vous enseigneront les mêmes compétences que celles mentionnées ci-dessus et vous donneront peut-être aussi quelques conseils en matière de planification financière.

Que diriez-vous d'une entreprise sur Internet? Si vous avez des aptitudes pour l'informatique, les entreprises Internet offrent un service à faible coût et à marge élevée qui peut vous rapporter beaucoup d'argent et

INTELLIGENCE FINANCIÈRE

vous permettre d'accéder à un marché mondial.

Vous pouvez également acquérir des compétences commerciales en suivant des cours de planification financière, d'investissement immobilier, de gestion du temps, etc.

Tous ces éléments que j'ai suggérés constituent le moyen le plus sûr de lancer une nouvelle entreprise. Vous ne dépensez que quelques centaines ou milliers de dollars pour la création d'entreprises et l'éducation.

Une entreprise traditionnelle peut être trop risquée pour quelqu'un qui n'a pas d'expérience des affaires.

Vous investissez des dizaines de milliers de dollars et pouvez avoir des difficultés à atteindre le seuil de rentabilité. Mais une fois

INTELLIGENCE FINANCIÈRE

que vous avez développé les compétences ci-dessus, vous avez plus de chances de réussir.

Le plus important, en plus d'une bonne attitude d'apprentissage, ce sont les personnes avec lesquelles vous interagissez.

On l'a déjà dit, vous êtes la somme des cinq personnes avec lesquelles vous passez le plus de temps!

C'est très difficile à avaler, mais imaginez si vous vous mettiez à parler à vos cinq amis buveurs de bière et de poker qui veulent sortir seuls et faire fortune, que diraient-ils? Ils riaient de vos chaussettes avant de briser votre ego en mille morceaux!

Dans le cœur de l'homme se trouve la jalousie. Ils ne veulent pas voir les gens autour d'eux réussir. Si vous réussissez, cela

INTELLIGENCE FINANCIÈRE

les fait mal paraître. Ils savent dans leur cœur qu'ils ne vont nulle part, mais ils adoptent ce style de vie et vous entraînent avec eux. Ils vous voleront votre rêve, et ils vous voleront votre liberté financière si vous ne faites pas attention!

Le point essentiel à retenir est : ne vous mêlez qu'aux personnes qui pensent positivement!

La pensée positive n'est pas un désir. Un penseur volontaire est un rêveur qui n'agit pas. La pensée positive est soutenue par l'action et vous sentirez l'énergie des personnes qui croient en vous et soutiennent vos rêves.

Si vous vous promenez avec des canards, vous allez crier... mais si vous marchez avec

INTELLIGENCE FINANCIÈRE

des aigles, vous vous lèverez!

Alors commencez à chercher des personnes qui suivent votre vision ou qui veulent grandir avec vous.

Enfin, vous devez croire en vous!

La tâche de sortir de votre zone de confort peut sembler effrayante et beaucoup ne soutiendront pas votre rêve. Ils peuvent même passer à l'offensive même si vous ne partagez pas votre rêve. Cette personne peut même être vos parents ou votre conjoint.

Vous serez alors confronté à la question suivante : ma liberté financière vaut-elle le prix que je paie actuellement ? Puis-je vivre

INTELLIGENCE FINANCIÈRE

un autre jour avec la même routine, le même travail, le même salaire ou la même corvée ? Si la réponse est non, alors agissez **MAINTENANT**. Pas demain, vous vous réveillerez et vous oublierez votre rêve.

Écrivez votre souhait sur un morceau de papier et tenez-le fermement chaque jour. Partagez-le avec quelqu'un de positif et faites le premier pas, vous ne le regretterez pas.

Pour votre liberté financière !!!

INTELLIGENCE FINANCIÈRE

Visitez notre site web! Obtenez d'autres livres de MENTES LIBRES!

https://www.amazon.fr/MENTES-LIBRES/e/B08274DDV4?ref_=dbs_p_ebk_r00_abau_000000

Si vous le souhaitez, vous pouvez laisser votre commentaire sur ce livre en cliquant sur le lien suivant afin que nous puissions continuer à nous développer! Merci beaucoup pour votre achat!

https://www.amazon.fr/dp/B0899P6C6L

www.ingramcontent.com/pod-product-compliance
Lightning Source LLC
Chambersburg PA
CBHW071124240526
45465CB00023B/814